AF263360

LETTRE

D'UN

NATIF INDIEN

AUX CHAMBRES FRANÇAISES,

À L'EXÉCUTION DE L'ORDONNANCE ROYALE DU 23 JUILLET 1840,

CONCERNANT

LA REPRÉSENTATION COLONIALE

dans les Etablissemens français dans l'Inde.

> La Justice est le seul ami qui accompagne
> les hommes après le trépas.
>
> *Lois de* MANOU.

PARIS.

IMPRIMERIE ET LITHOGRAPHIE DE MAULDE ET RENOU,
RUE BAILLEUL, 9 ET 11.

1841.

LETTRE

D'UN

NATIF INDIEN

AUX CHAMBRES FRANÇAISES,

SUR L'EXÉCUTION DE L'ORDONNANCE ROYALE DU 25 JUILLET 1840,

CONCERNANT

LA REPRÉSENTATION COLONIALE

dans les Établissemens français dans l'Inde.

———o———

> La Justice est le seul ami qui accompagne
> les hommes après le trépas.
>
> *Lois de* MANOU.

Les sujets de la France dans l'Inde viennent humblement confier à la bienveillance éclairée des Chambres les rigueurs de leur position.

La nature s'est plu à prodiguer dans l'Inde tout le luxe de ses merveilles : elle en a fait un pays de délices. Par quel mystère fatal Dieu a-t-il envoyé tant de douleurs sur une terre parée de mille trésors comme pour des jours de fêtes !

Ce n'est pas ici le lieu de raconter les siècles de souffrances de la nation indienne. Dieu les a voulus. Mais alors qu'au nom de ses frères, un Indien élève sa prière jusqu'aux Chambres françaises, il lui est permis de rappeler quels sentimens de joie et d'espérance accueillirent, il y a près de deux siècles, la venue des Français dans l'Inde. Écrasés sous l'oppression des Musulmans, nos pères ouvrirent avec bonheur les bras aux Français ainsi qu'à des libérateurs, et leur attente ne fut pas trompée. Les Français avaient fait fléchir le courroux du ciel.

Depuis ces temps, pas un triomphe de la France qui ne nous ait fait tressaillir de joie, pas un revers qui n'ait fait couler nos larmes, pas un champ de bataille où le sang indien ne se soit mêlé au sang français : nos bras, notre or, nos enfans, nous avons tout donné.

Nous le proclamons ici, la France nous a témoigné en retour une sympathie que nous nous sommes appliqués à mériter. Les noms des Dupleix, des Desbassyns de Riche-mond, et des Saint-Simon nous seront éternellement chers; mais, disons-le aussi avec franchise, les espérances qu'il nous était donné de concevoir, ont-elles été complètement remplies?

Nous ne chercherons pas à nous abuser nous-mêmes. Sujets de la France, nous reconnaissons ses droits, mais la France elle-même, dans sa loyauté, ne saurait méconnaître les nôtres. Or, ces droits divers dont la conciliation est l'objet du vœu de tous, ont-ils été respectés toujours, et notamment les droits de la population indienne sont-ils aujourd'hui satisfaits dans l'exécution de l'ordonnance royale du 23 juillet 1840?

L'examen de cette question est l'objet de cette lettre.

Arrivés dans l'Inde, les Français y trouvèrent un peuple opprimé, non pas esclave. La rigueur des gouvernans avait respecté la nationalité indienne, notre religion, nos lois, nos usages, anciens comme le monde ; l'agriculture et le commerce, dont les procédés et les ressources ne nous étaient pas révélés encore, ne souffraient que modérément d'une oppression qui leur enlevait une liberté alors sans importance. Notre position aujourd'hui, quelle est-elle?

La France, en nous adoptant, nous a comptés au nombre de ses enfans ; mais des entraves au développement de notre prospérité, devenues plus sensibles et plus funestes en présence des améliorations dues ailleurs aux procédés d'Europe, n'ont pas cessé de peser sur nous. Les intentions les plus louables ont manqué leur but, les institutions les plus généreuses ont failli dans l'application, les intérêts matériels et les intérêts moraux de la population ont souffert et souffrent encore au préjudice de tous, de la métropole aussi bien que des indigènes.

Nous résumerons nos souffrances en quelques mots. L'agriculture, par exemple, écrasée sous le poids et surtout sous le mode de perception de l'impôt, est privée de l'énergie qui la féconderait au profit commun. Le commerce, enchaîné par des prohibitions ou par des taxes ruineuses, inconnues à nos frères de l'île Bourbon, ne peut offrir à la colonie ni à la métropole les ressources qu'on serait en droit d'en espérer. L'instruction publique, trop négligée parmi nous, ne versant pas sur nos populations ses bienfaits, les lumières nous manquent presque complètement, et les établissemens français dans l'Inde paraissent condamnés à une infériorité fatale. Enfin, et pour ce qui touche l'administration elle-même, l'abus qui se glisse dans toutes les choses de ce monde, ne nous a pas épargnés ; l'application, par exemple, à nos castes des codes français, chefs-d'œuvre sans doute de législation appliqués aux populations de l'Occident, n'est pas sans inconvéniens et sans dangers.

Ajoutons que jusqu'en ces derniers temps, l'organisation administrative tendait à perpétuer ce malheureux état de choses. Des gouverneurs et des employés venus de la métropole, étrangers aux besoins et aux mœurs des indigènes, ne faisaient et ne font encore que passer, quittant le pays au moment où ils commençaient à le connaître, souvent même ne pouvant porter en France l'expression des griefs des indigènes. Ces griefs, d'ailleurs, comment auraient-ils pu les recueillir? La population gouvernée était sans moyen légal et régulier de faire entendre ses vœux ou ses plaintes, et le mal trouvait ainsi en lui-même une garantie de sa durée.

La pensée de l'ordonnance royale du 23 juillet 1840 est de porter remède au mal en instituant un conseil colonial. Mais le but a-t-il été rempli? En accordant aux établissemens de l'Inde le bénéfice du droit de représentation, le gouvernement du roi a certainement voulu agir franchement, loyalement; il n'a pas entendu donner et retirer. Toute autre conduite eût été indigne de lui. Disons cependant que la pensée de cette ordonnance, insuffisante déjà dans ses dispositions, a été singulièrement méconnue dans l'application.

L'ordonnance pose le principe d'une représentation coloniale : mais pour juger de l'application, jetons un regard sur les élémens dont se compose la population des établissemens français dans l'Inde.

Nous citerons les documens statistiques imprimés en 1839 par ordre du ministre de la marine.

Sur une population totale de 167,736 habitans, on comptait, en 1835, 165,240 indigènes, ou *noirs Indiens,* 1,515 individus de la population mixte ou *Topas,* et 980 *blancs* des deux sexes et de tout âge, dans les cinq établismens de Pondichéry, Karikal, Chandernagor, Yanaon et Mahé, ces deux derniers convertis depuis en simple loge. La population blanche ne présentait que 447 individus mâles répartis ainsi par la statistique : 318 à Pondichéry, 98 à Chandernagor, 19 à Karikal, 5 à Yanaon. Dans ce nombre de 447,173 individus seulement de 14 à 60 ans.

Si, maintenant, de ces 173 individus on retranche les jeunes gens de 14 à 25 ans, âge de la majorité électorale, on ne trouve guère que 130 hommes de la classe blanche, intéressés ou entendus aux affaires du pays, et, dans ce petit nombre, figurent pour plus de moitié tous les employés venus de la métropole, relevant directement du ministre, placés nécessairement sous ses ordres et sous son influence. Le surplus se compose de deux chefs de filature, de quelques pensionnaires du gouvernement et d'Anglais que la modicité de leurs revenus appelle de préférence à Pondichéry.

La population blanche se trouve donc avec la population indigène dans la proportion de 1 à 11 individus.

Maintenant, dans quelle proportion les charges et l'impôt sont-ils supportés ?

Le système d'impôt, calqué à cet égard sur le régime anglais, porte exclusivement sur la terre, sur la récolte. La terre, suivant la nature des irrigations, doit au fisc 32, 43 ou 48 p. % de la récolte qui ne peut être commencée avant la permission du gouverneur. Or, dans quelles mains se trouve le sol? dans les mains des natifs seulement. La population blanche n'en possède pas, et comment en serait-il autrement? Comment des hommes amenés par le seul désir de faire fortune, venus d'Europe avec l'esprit de retour, iraient-ils, en acquérant des terres, se créer dans l'Inde des intérêts qui devraient les y fixer?

La charge de l'impôt pèse donc tout entière sur la population indigène.

Cela posé, sur quelles bases l'ordonnance établit-elle la représentation coloniale? Nous ne disons pas encore quelles devraient être ces bases, suivant nous.

Trois articles seulement, rejetés à la fin de l'ordonnance, organisent la représentation coloniale. A Pondichéry un conseil général composé de dix membres, à Chandernagor et à Karikal un conseil d'arrondissement de cinq membres.

Les électeurs, quels sont-ils? Des notables, colons ou indigènes de 25 ans au moins, dont le nombre ne peut excéder 45. Mais, qui dresse la liste? Le gouverneur en conseil.

D'ailleurs, point de cens électoral ; la qualité de notable est distribuée au gré du gouverneur. Maintenant, dans quelles proportions les colons et les indigènes entreront-ils dans la composition de la liste ? s'attachera-t-on à celle que présentent les deux populations, blanche et indienne ? Les 170,000 natifs compteront-ils sur la liste autant et plus de notables que les 980 blancs ? L'ordonnance est muette sur ce point essentiel, et il est facile de prévoir l'abus auquel elle ouvre l'accès.

Voici en effet quelle exécution vient de recevoir à son arrivée l'ordonnance du 23 juillet.

Le nouveau gouverneur, homme honorable sans doute, mais cédant à des instigations aussi actives que déplorables, a dressé la liste des notables. La population blanche y figure pour 40, la population indienne, celle apparemment en faveur de laquelle la représentation a été instituée, pour 5 seulement ! On compte sur la liste 22 fonctionnaires ou employés du gouvernement, des naturalisés danois et anglais, des hommes dont nous ne voulons pas accuser ici la moralité, mais qui ne possédant rien, ne faisant pour la plupart que passer dans l'Inde pour y tenter une fortune qui les a trahis ailleurs, étrangers enfin aux besoins comme aux vœux d'un pays qu'ils ne connaissent pas, sont chargés du soin de désigner les organes de la colonie.

L'infériorité du nombre des notables indiens les rendait évidemment impuissans à remplir utilement leur mandat ; ils le sentirent, et trois d'entre eux insistèrent pour faire accepter leur démission qui fut refusée, car le scandale eût passé les bornes.

Le résultat des élections était facile à prévoir. Sur dix membres composant le conseil général, un seul indien a été choisi, c'est-à-dire que les populations indienne et blanche se trouvant dans les proportions de 11 à 1, la population indienne compte dans le conseil un représentant sur dix ! Une population onze fois plus nombreuse figure

pour un dixième seulement dans la représentation coloniale. Sur les dix membres, six fonctionnaires du gouvernement.

Ainsi s'est trouvé réduit dans l'application le stérile
bienfait de l'ordonnance royale du 23 juillet 1840. Stérile !
nous nous trompons, car l'ordonnance ainsi exécutée doit
porter ses fruits, mais des fruits bien amers pour la colonie.
Est-il besoin d'ouvrir les yeux pour voir à quelles funestes
conséquences la colonie se trouve entraînée si l'équité des
Chambres ne vient à son aide ? Cette représentation que
nous implorions dans notre détresse ne vient-elle pas, ainsi
octroyée, nous enlever jusqu'à l'espérance d'un meilleur
avenir ? Encore une fois, nous ne voulons accuser personne ;
mais, de bonne foi, le conseil composé de tels élémens
peut-il jamais répondre à la pensée généreuse, mais trop
légèrement formulée, de l'ordonnance du 23 juillet ? Aux
yeux du gouvernement, que six mille lieues séparent de
nous, la colonie ainsi dotée d'une représentation décevante,
ne sera-t-elle pas censée parler par l'organe de ses préten-
dus élus, et, le mal trouvant un aliment en lui-même, ne
sommes-nous pas menacés de cruelles infortunes ?
La haute impartialité des Chambres françaises ne peut
regarder avec indifférence un si malheureux état de choses : elle ne le pourrait alors même que leur patriotisme ne
viendrait pas éveiller leur sympathie.
Nous avons dit le mal froidement, simplement ; nous
sera-t-il permis d'en rechercher les causes ? nous serons
brefs.

Un natif indien parlant à des hommes d'Europe sera
mal venu peut-être à signaler un préjugé. Cependant, et
dans notre conviction, un préjugé fatal, funeste à tous, à

la métropole aussi bien qu'aux colons, domine dans le régime des colonies. Les sentimens patriotiques et généreux
semblent expirer au delà du sol continental de la mère-patrie,
comme si la patrie n'était pas là où flotte le pavillon na-
tional : les colonies que les hasards de la fortune ou de la
diplomatie ont attribuées aux puissances européennes sont
tenues par elles comme une ferme par un fermier mal ha-
bile ou trop pressé de sa récolte. Elles s'y tiennent au jour
le jour sans pensée d'avenir; on dirait un joueur devant
son gain de la veille. De là cette insouciance de l'administration supérieure, ces mesures irréfléchies parant au nécessaire, ne préparant presque jamais l'avenir, funestes
tendances favorisées trop souvent par le choix du person-
nel des délégués de la métropole.

Cette observation est juste, surtout appliquée à l'Inde
que son éloignement semble prédestiner à souffrir plus
que toute autre colonie.

Un de nos gouverneurs, cependant, semblait entrer dans
des voies meilleures et comprendre que l'intérêt de la métropole conseillait des vues plus élevées, une sympathie
éclairée, mais sans faiblesse, pour le bien-être de la colonie,
M. le général Saint-Simon. Cet administrateur que nos re-
grets ont suivi en France nous a été enlevé, et ce qui rend
cette perte plus vive encore, c'est que cette sympathie
même qui nous était si chère a pu entrer dans les causes
de sa retraite.

Le besoin d'une représentation officielle et régulière s'é-
tait fait sentir depuis long-temps parmi nous, mais les
changemens successifs de gouverneur ne nous avaient pas
permis encore d'en soumettre l'expression, quand l'administration de M. le général Saint-Simon parut nous offrir
une occasion favorable. Le 17 février 1838, une députa-
tion des chefs de castes lui exposa respectueusement les
vœux de la population à cet égard. Un arrêté du 28 février,
accueillant cette humble supplique, autorisa les notables

malabars à se réunir et à s'entendre pour désigner ceux d'entre eux qui formeraient un comité consultatif des besoins et des intérêts du pays. Cet arrêté fut enregistré le 27 mars 1840. Le comité fut élu et commençait sous la surveillance du gouverneur ses paisibles fonctions, lorsqu'une opposition haineuse se manifesta de la part de quelques hommes de la population blanche.

Nous ne rappellerons pas ici les dénonciations ténébreuses qui suivirent l'adoption de cette mesure. A les entendre, la colonie était perdue, M. le général Saint-Simon trahissait ; à tel point que, dans son patriotisme de mauvais aloi, un des furieux *regardait comme un devoir civique d'éclairer le gouvernement lui-même dans une circonstance aussi grave !* Les prédictions les plus sinistres étaient prodiguées ! Hélas ! que pouvait-on redouter de cette assemblée si tranquille et si modeste ? Craignait-on quelque velléité d'indépendance ? Mais il ne faudrait pas avoir vécu un jour au milieu de nous pour dissiper ces craintes. N'avons-nous pas donné et ne sommes-nous pas prêts encore à donner à la France des gages de l'attachement le plus sincère ? Ces idées, d'ailleurs, où pourraient-elles nous conduire ? Faibles, isolés, paisibles par nature, irions-nous échanger l'administration française contre une indépendance impossible ? L'Angleterre ne mettrait-elle pas le lendemain dans la régie de sa Compagnie, ces mutins d'un jour si mal avisés ?

Cependant les déclamations hypocrites trouvèrent accès en France : M. le général Saint-Simon fut rappelé. L'arrêté rendu par lui fut rapporté, et comme compensation, parut l'ordonnance du 23 juillet 1840.

Nous avons exposé les vices de l'ordonnance, nous croyons avoir dit en partie les causes du mal ; essayons en quelques mots de proposer les bases d'une représentation qui concilierait les intérêts de tous.

Dans une question de cette nature, le chiffre des populations ne doit-il pas former un élément essentiel? La statistique présente un européen contre onze indigènes. Demander une proportion semblable dans le choix des représentans serait folie : nous reconnaissons ici l'intérêt et le droit de la métropole. Mais quelle devra être la proportion ? sera-t-elle des trois quarts, des deux tiers ou de la moitié en faveur des indigènes ?

Sans prolonger la discussion, disons que la proportion ne peut descendre au dessous de la moitié.

Ce calcul donnerait à la population blanche un représentant sur moins de 400 individus de tout âge et de tout sexe ; à la population indigène un représentant sur près de 40,000 individus. Nous disons que cette limite nous paraît la limite extrême. Que si, en effet, on réfléchit avec attention, on verra que l'égalité numérique assurerait encore à la population blanche un ascendant insurmontable dans la représentation. Que l'on imagine ce conseil dans lequel siégeraient cinq natifs, nouveaux à cette dignité, embarrassés en quelque sorte de leur mandat, dénués en général de lumières, en présence de cinq européens façonnés par leurs habitudes d'Europe à la discussion, aux délibérations, forts d'une aptitude aux affaires inconnue parmi les indigènes, ne peut-on pas affirmer qu'ils obtiendront dès l'abord et qu'ils conserveront une supériorité inévitable. Cette égalité n'existerait donc que dans les chiffres ; elle serait menteuse, mais, toute insuffisante qu'elle serait encore, elle se rapprocherait au moins de l'équité.

Ainsi donc, égalité numérique dans la représentation, égalité semblable, par conséquent, dans la composition de la liste des notables électeurs. Mais quelles conditions feront l'électeur, *le notable ?*

Pouvons-nous mieux faire ici que de chercher un modèle dans le système électoral de la métropole.

Le système électoral, en France, repose sur cette idée, que la participation aux charges publiques crée les droits politiques : la loi fixe seulement la mesure. Ce qui est juste en France, cesserait-il de l'être dans l'Inde? ce qui a été jugé utile à Bourbon, serait-il dangereux chez nous? (1)

Le cens électoral n'est-il pas, en effet, nécessaire ici? Le conseil doit exprimer les vœux du pays sur les points essentiels à sa prospérité, sur l'agriculture, sur le commerce, sur les taxes : or, quel peut être le désintéressement du représentant discutant ces matières, s'il ne possède pas de terre, s'il n'exploite aucune industrie, s'il n'est soumis à aucun impôt? L'admission de capacités viendrait d'ailleurs élargir pour la population blanche, l'entrée dans la classe des électeurs?

Telles sont les bases que la justice semblerait indiquer pour la représentation coloniale dans les établissemens français dans l'Inde. Nous pardonnera-t-on ces idées rapides, soumises en toute humilité.

Un dernier mot enfin.

Nous n'exagérerons pas notre importance ; nous savons ce que nous sommes, le peu que nous sommes. Cependant, peu de colonies semblent destinées par leur position, par leur situation géographique à une prospérité plus certaine : chez nous, un sol fécond et riche, des bras nombreux et trop souvent oisifs, une main-d'œuvre à bon marché ; autour de nous un mouvement commercial immense ; devant nous la mer pour recevoir nos produits et nous appor-

---

(1) La loi de 1833 fixe le cens électoral à 201 fr. de contributions directes à l'île Bourbon.

ter les produits du monde ; d'ailleurs, la marche des événemens depuis un demi-siècle n'a-t-elle pas désigné l'Iude pour théâtre actuel ou futur des grands intérêts de l'Europe, et lors du dénouement, prochain peut-être, de ces luttes sourdement engagées, la France n'aurait-elle pas à s'applaudir d'une heureuse influence, fruit mérité d'une administration sage et généreuse.

Que l'on se garde donc de l'indifférence ou du dédain pour une colonie si mince en apparence. La grandeur du théâtre n'ajoute rien aux actes généreux et à l'impression qui en résulte ; mais quand l'intérêt seul de la France ne lui conseillerait pas encore la révision des dispositions de l'ordonnance du 23 juillet 1840, sur la représentation coloniale, la justice et l'humanité ne recommanderaient-elles pas ici nos vœux, et n'est-ce pas dire assez qu'ils sont entendus ?

Pondichéry, 18 Novembre 1840.

FIN.